I Am Happy!

by Amy Jo • illustrated by Ailie Busby

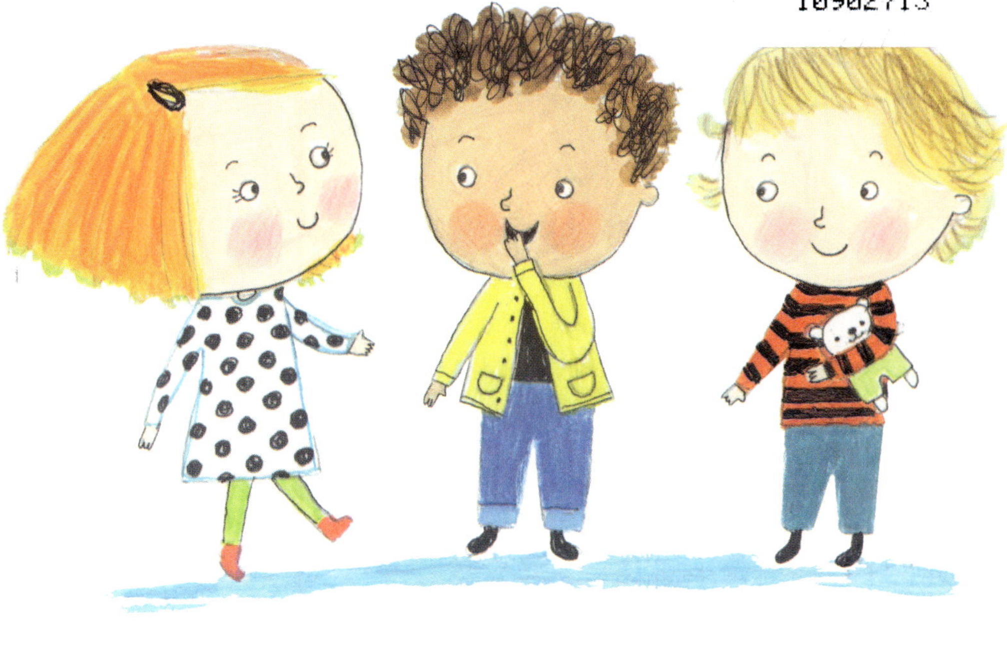

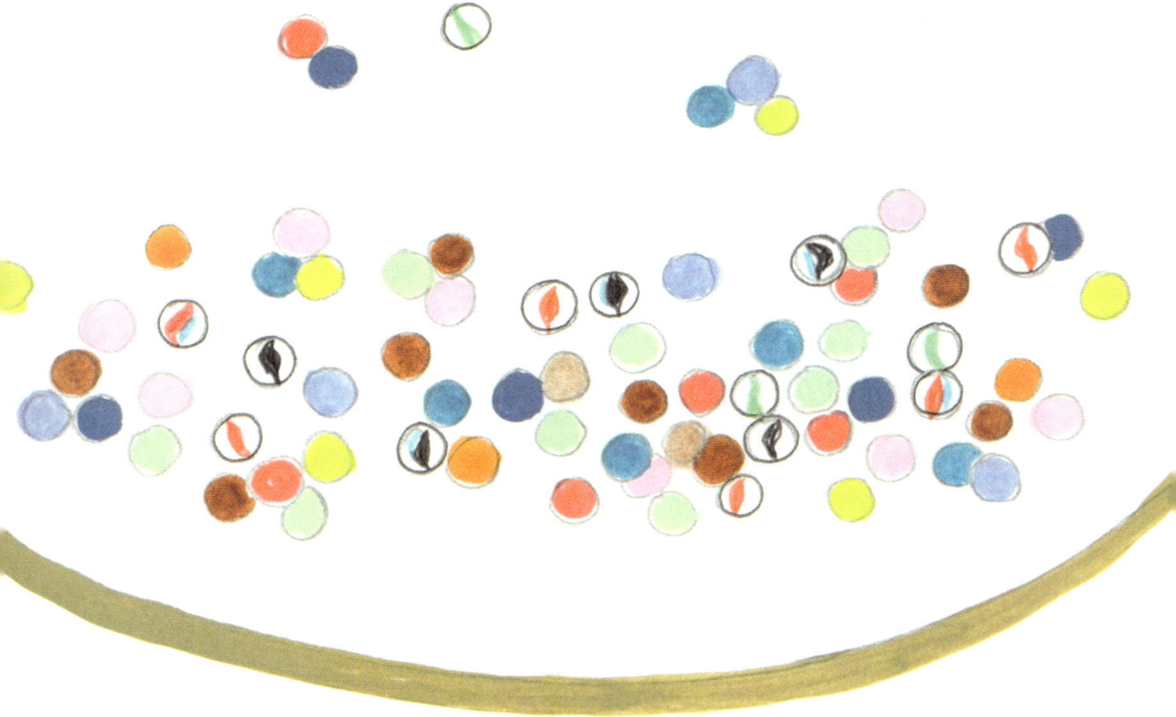

I like marbles.

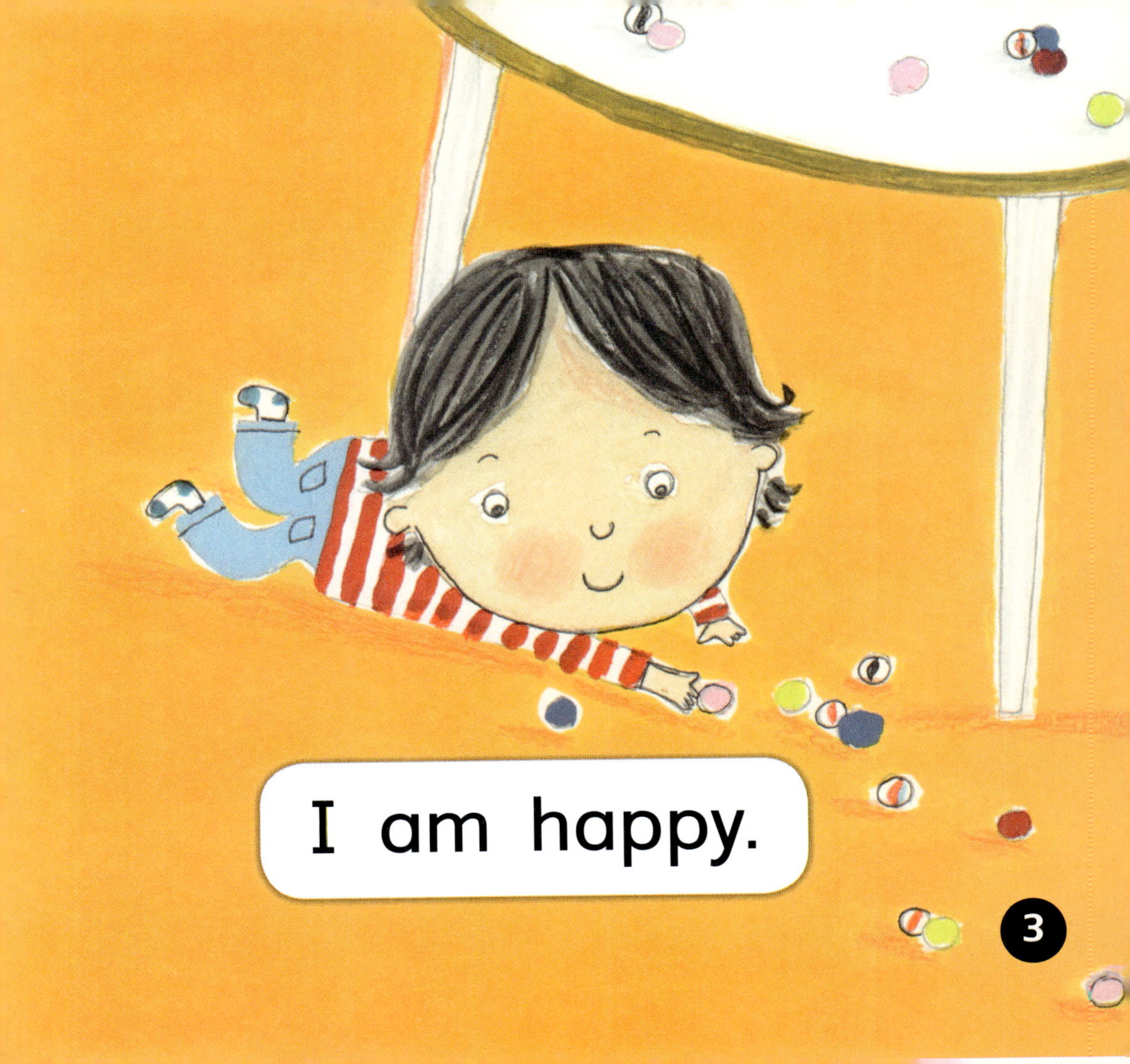

I am happy.

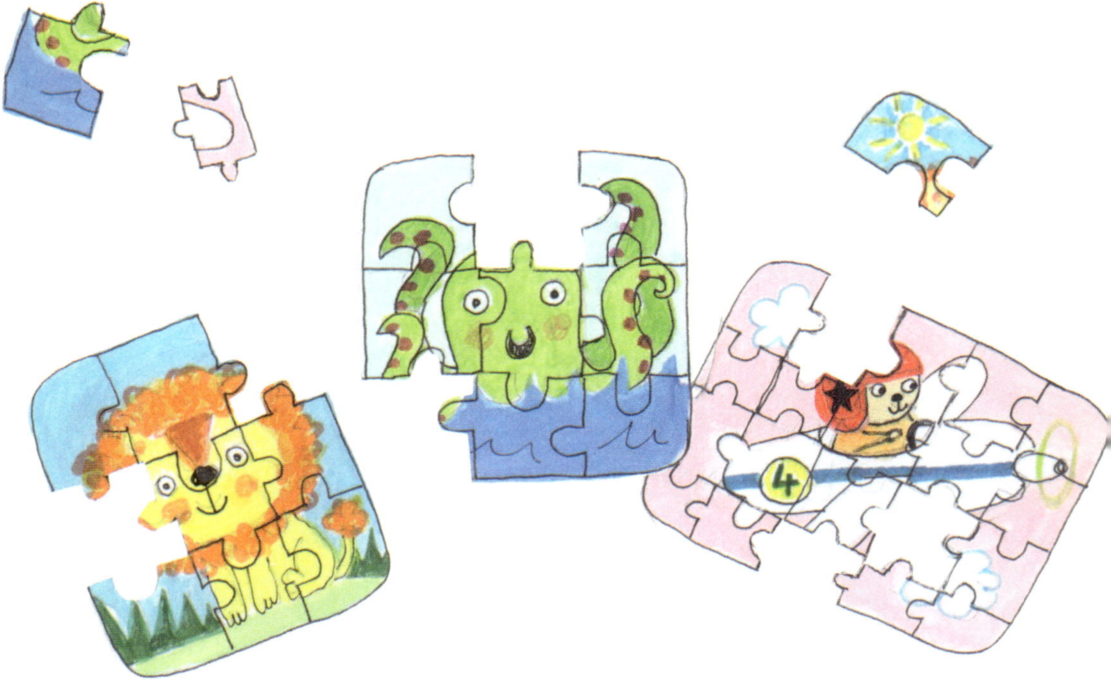

I like puzzles.

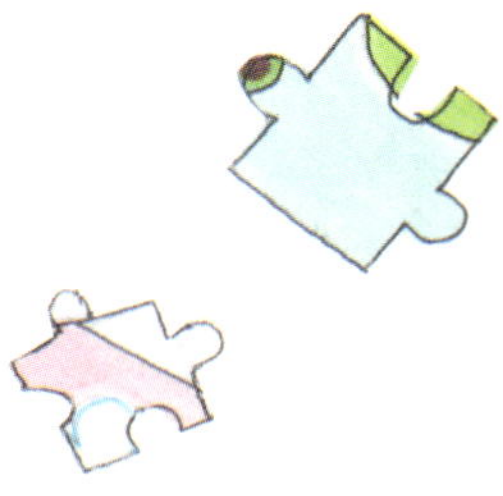

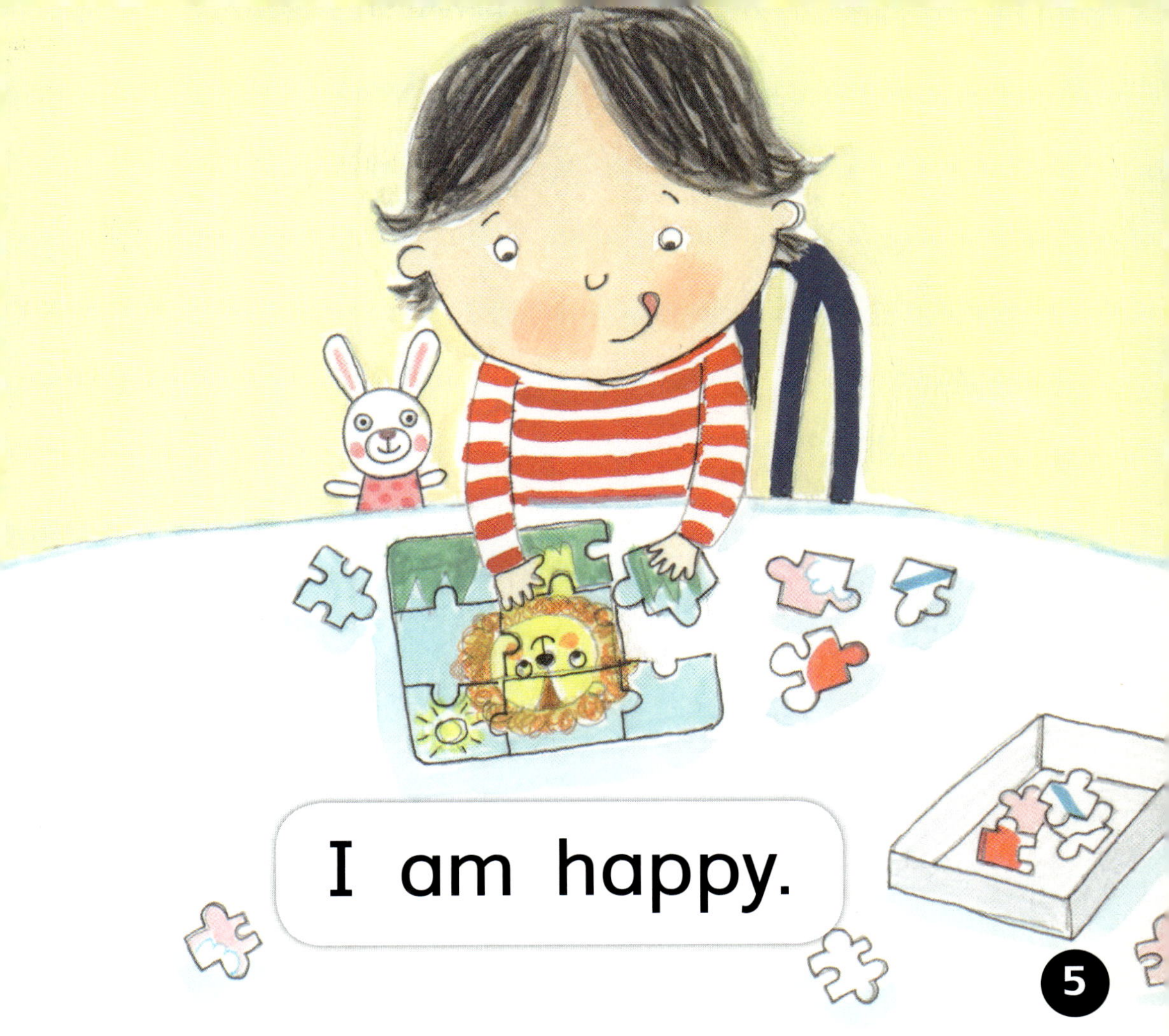

I am happy.

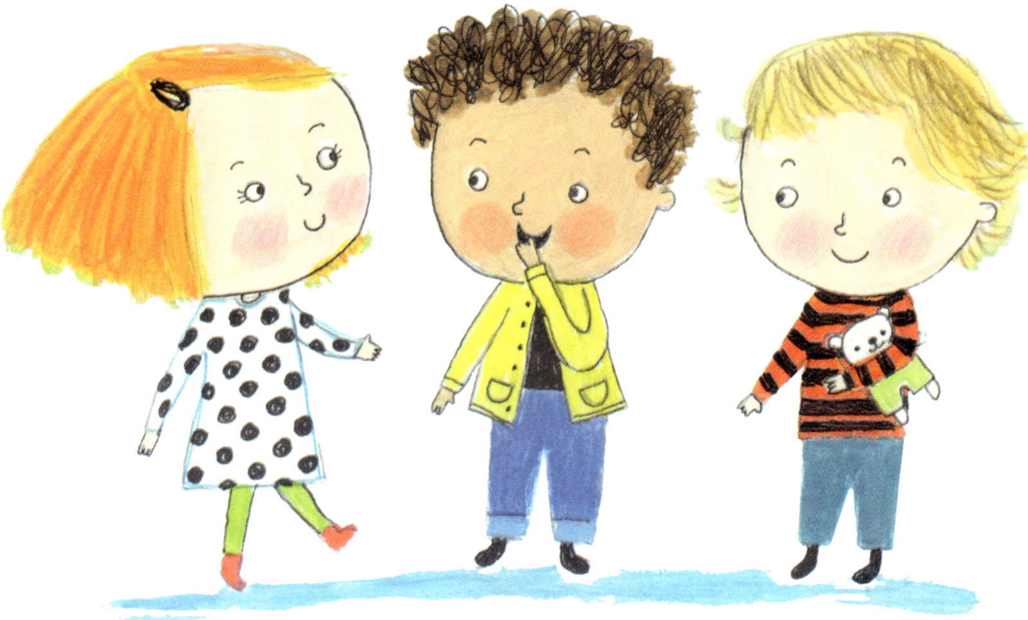

I like my friends.

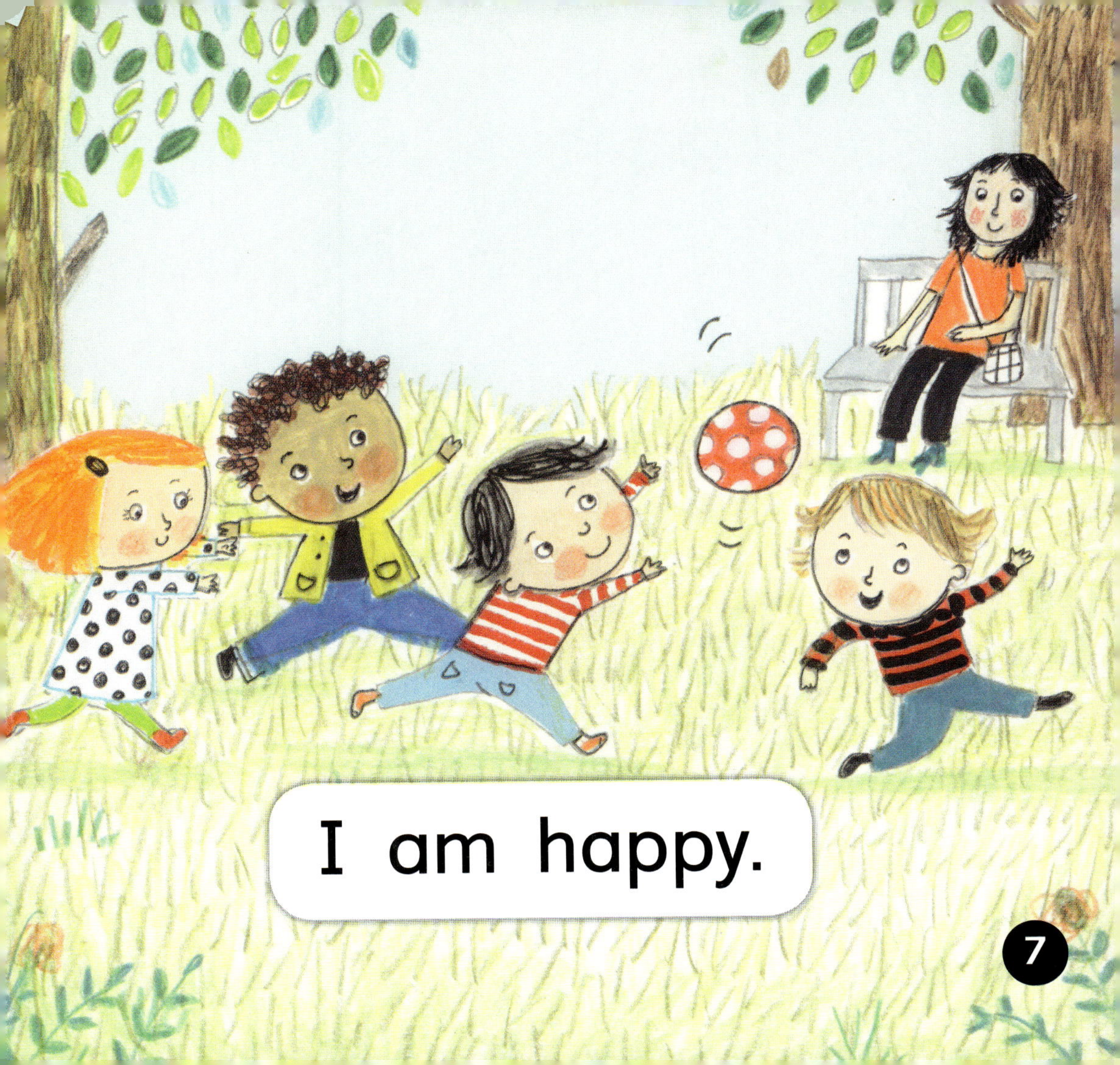

I am happy.

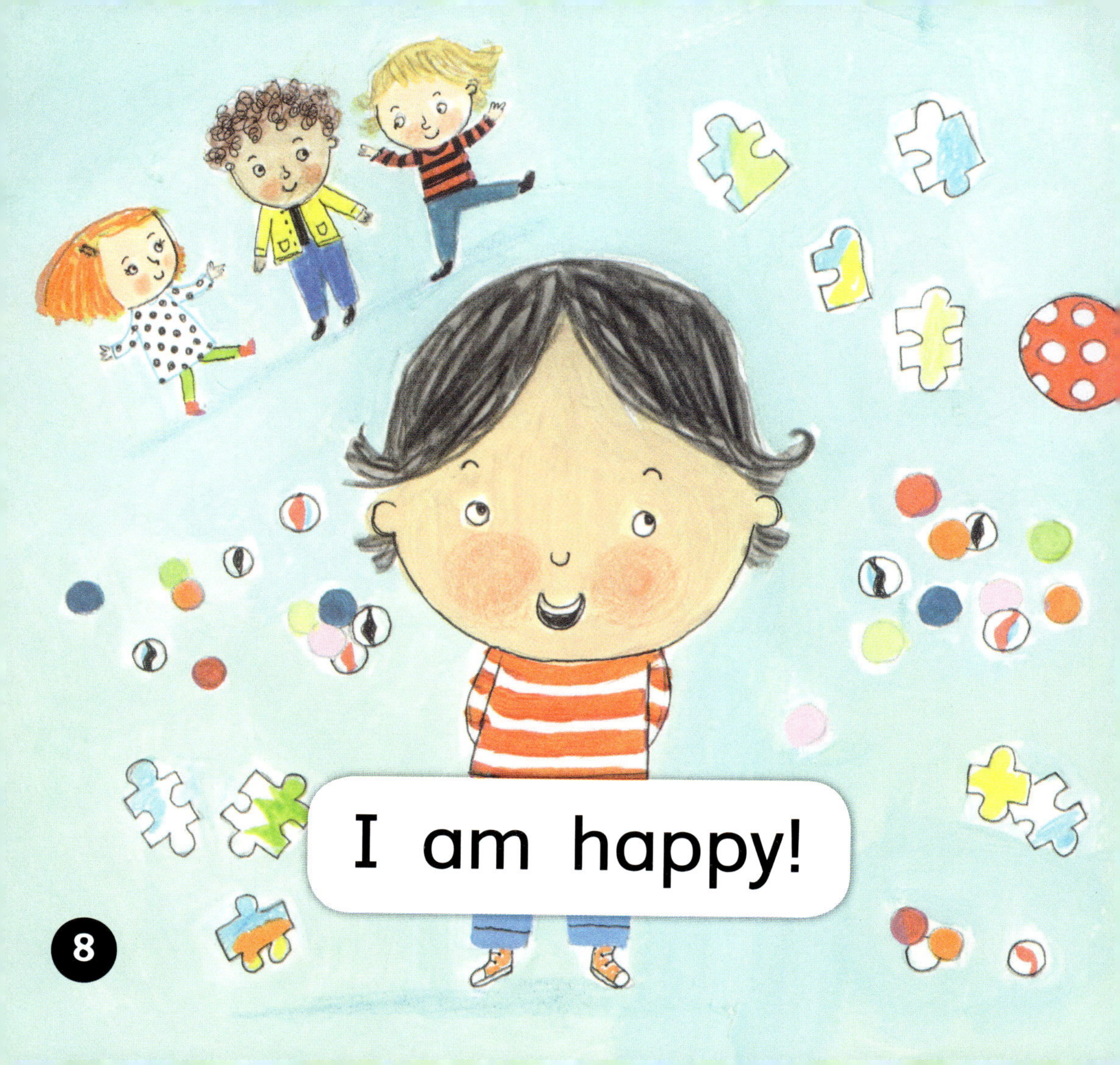

I am happy!